Attention, magasineurs!

Marie Turcotte
Rédactrice en chef

© 2002 Gage Learning Corporation

164 Commander Blvd., Toronto, ON M1S 3C7

National Library of Canada Cataloguing in Publication Data

Main entry under title:
Attention, magasineurs!

(Tout ados 1)
ISBN 0-7715-3767-0

1. French language – Textbooks for second language learners – English speakers.* I. Turcotte, Marie. II. Series.

PC2129.E5A87 2001   448.2'421   C2001-930737-3

ISBN 0-7715-**3767-0**
3 4 5 MP 05 04 03 02
Écrit, imprimé et relié au Canada

Chargées de projet : Caroline Kloss, Anne Normand
Équipe de la rédaction : Chris Anderson, Art Coulbeck, Jane Grigg, Laura Jones, Sandra Manley, Claire Piché
Directrice du marketing et conseillère pédagogique nationale : Julie Rutledge
Révision linguistique : Doreen Bédard-Bull, Rita Van Landeghem
Production : Bev Crann, Carrie Theodor

Direction artistique, conception graphique : Pronk&Associates
Couverture : Frank Simonetti/Index Stock
Illustrations : p. 6-7, 18-19 Craig Terlson; p. 8, 16 Dave Whamond
Photographie : p. 1 Frank Simonetti/Index Stock; p. 2-3, 9, 12-15, 20-23 Ray Boudreau; p. 4-5 Carolyn A. McKeone/Photo Researchers Inc.; p. 10 arrière-plan Bettmann/Corbis/Magma; blason et couverture de la Compagnie de la Baie d'Hudson reproduits avec la permission de la Compagnie de la Baie d'Hudson; p. 11 en haut et en bas, à droite, Stringer/Canapress Picture Archive; arrière-plan Canapress; photo des survêtements Roots reproduite avec la permission des archives Roots

Production sonore : Hara Productions
Production vidéo : The Pinnacle Group

Nous reconnaissons l'aide financière du gouvernement du Canada par l'entremise du Programme d'aide au développement de l'industrie de l'édition pour nos activités d'édition.

Attention, magasineurs!

Dans cette unité, tu vas créer et présenter une annonce publicitaire télévisée
pour un grand magasin.

Communication
orale

Tu vas...

- parler de tes préférences concernant le magasinage;
- faire un sondage au sujet de la rentrée des classes;
- créer des dialogues;
- présenter une annonce publicitaire.

Lecture

Tu vas...

- lire un dialogue;
- lire le dépliant publicitaire d'un grand magasin.

Écriture

Tu vas...

- écrire une annonce publicitaire;
- créer une affiche publicitaire.

La voix des ados

En route !

- Est-ce que tu aimes magasiner? Pourquoi ou pourquoi pas?

- Quelle sorte de magasineur es-tu? Remplis le questionnaire à la page 6 de ton cahier.

Stratégies

Quand tu regardes une vidéo…

Regarde :

- les images!
- les expressions des personnages!
- les actions et les gestes!

Écoute :

- le ton de la voix!
- les mots connus!
- les mots-amis!

Pense à tes expériences personnelles!

A Dans la vidéo, qu'est-ce que les ados achètent pour la rentrée? Fais l'activité à la page 7 de ton cahier.

B Identifie les façons différentes de magasiner qui sont mentionnées dans la vidéo.

C Imagine que tu vas magasiner pour la rentrée. Avec quelle personne de la vidéo est-ce que tu veux magasiner? Pourquoi? Partage tes réponses avec un ou une partenaire.

3

Qu'est-ce que tu achètes
pour la rentrée des classes?

On va

magasiner

Stratégies

Quand tu lis...

Regarde :

- le titre!
- les illustrations et les photos!
- les mots connus!
- les mots-amis!
- les lettres majuscules!
- la ponctuation!

Vérifie dans le lexique ou dans un dictionnaire!

Luc, Sylvie et Tara sont au centre commercial. Ils parlent de la rentrée des classes.

Tara : Incroyable! Nous retournons à l'école la semaine prochaine! Est-ce que tu es prête pour la rentrée, Sylvie?

Sylvie : Ah oui, j'ai très hâte! J'ai déjà mes nouveaux vêtements – une paire de belles bottes, un beau chandail rouge, et une belle jupe chic! Je veux aussi un nouvel ordinateur, mais mon père dit que ça coûte trop cher… Il achète des marqueurs, des crayons de couleur, une calculatrice et du papier pour moi ce soir.

Luc : Moi, je suis presque prêt. J'ai un nouveau jean et de nouvelles chaussures de sport. Ma mère dit que j'ai besoin d'une nouvelle casquette de baseball, mais j'aime ma vieille casquette! Aujourd'hui j'achète des articles scolaires… j'ai besoin de papier, de stylos et de quelques cartables.

Tara : Vous êtes chanceux! Moi, je ne suis pas du tout prête. Mais je vais rencontrer ma mère au centre commercial. J'ai besoin d'un nouveau sac à dos et de nouvelles chaussures. Regarde ce dépliant du magasin Bonprix et ce beau blouson en denim. Cette semaine, tous les vêtements pour jeunes sont en solde!

Sylvie : Passe le dépliant à Luc, Tara. Il a besoin d'un nouveau look…

Luc : Quoi? Tu es folle! Toutes les filles m'adorent!

Tara : Tu rêves, Luc!

A Qu'est-ce que Sylvie a acheté pour la rentrée? Et Luc?

B De quels articles est-ce que Tara a besoin?

C Dans ta classe, fais un sondage pour déterminer l'article le plus populaire pour la rentrée. Utilise la page 8 de ton cahier pour t'aider.

En route!

- Identifie des magasins qui ont des rayons.

- Quels sont les avantages d'un grand magasin?

chez Bonprix

A Dans quel rayon du magasin Bonprix se trouvent les articles suivants? *c*

a) les lecteurs de disques compacts

b) le papier

c) les calculatrices

d) les chemises

e) les ordinateurs

f) les sandales

g) les T-shirts

h) les chaussures en cuir

i) les agendas

j) les bottes

k) les chaussures de sport

l) les marqueurs

m) les robes

n) les stylos

o) les téléviseurs

p) les sacs à dos

B Écoute les annonces et indique le rayon du magasin où se trouvent les articles en solde. Puis, fais l'activité à la page 12 de ton cahier.

C Regarde la deuxième partie de la vidéo et fais l'activité à la page 13 de ton cahier.

D En groupes, choisissez une des situations illustrées et créez un dialogue.

Expressions utiles :

Je cherche...

Combien coûte...?

Est-ce que je peux vous aider?

Je veux acheter...

Je veux essayer...

Ça coûte trop cher!

Le total est de... dollars.

Étude de la langue

L'impératif

Visitez le rayon des vêtements pour hommes.

Achetez un paquet de papier au rayon du matériel scolaire.

Choisissez aujourd'hui deux casquettes de baseball au rayon Jeunesse et **payez** les deux seulement 14,99 $!

N'attendez pas!

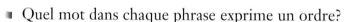

N'oubliez pas de passer par le rayon des chaussures pour essayer nos souliers.

- Quel mot dans chaque phrase exprime un ordre?
- Comment est-ce que ces mots se terminent?
- Où est-ce qu'on place *ne… pas* pour faire une phrase négative?

A. Transforme les phrases suivantes en ordres selon l'exemple.

EXEMPLE : Dis à tes amis de visiter le magasin Bonprix.
Visitez le magasin Bonprix!

1. Dis à tes amis d'attendre l'autobus.
2. Dis à tes parents de payer avec une carte de crédit.
3. Dis à ton professeur de ne pas oublier les livres de français.
4. Dis à tes amis de choisir une vidéo.
5. Dis à tes parents de ne pas acheter l'ordinateur orange.

B. À deux, faites des phrases à l'impératif. Utilisez un verbe et un vêtement.

acheter   choisir   essayer

ATTENTION! Pour plus d'informations, va à la page 24.

Au boulot!

Maintenant c'est à ton tour de créer un exemple d'annonce publicitaire qu'on entend dans un grand magasin.

N'oublie pas d'inclure :

- une expression pour attirer l'attention des magasineurs;
- des verbes à l'impératif;
- l'article en solde;
- le prix ou le rabais;
- le nom du rayon.

Pour t'aider, regarde le modèle suivant et les annonces à la page 12 de ton cahier.

Maintenant, présente ton annonce à la classe.

Attention, magasineurs! Économisez 20 % aujourd'hui sur tout vêtement en denim pour jeunes!

Visitez le rayon Jeunesse et profitez de ce rabais.

- Est-ce que tu peux nommer des magasins, grands ou petits, qui sont d'origine canadienne?

Des magasins

la Compagnie de la Baie d'Hudson

Plus de 300 ans au Canada

En 1670, le roi Charles II d'Angleterre donne à la Compagnie de la Baie d'Hudson le droit de faire commerce avec les Amérindiens sur un vaste territoire. Quelque 330 ans plus tard, la Compagnie existe encore!

Au début, la traite des fourrures est le seul commerce important avec les Amérindiens. À cette époque, la fourrure de castor est très recherchée en Europe pour la fabrication de chapeaux.

Le territoire occupé alors par la Compagnie va du Labrador jusqu'aux Rocheuses et couvre plus de 40 % de notre Canada d'aujourd'hui. En 1870, la plus grande partie de ce territoire est transférée au gouvernement du Canada.

Par la suite, la Compagnie ouvre des magasins dans les grandes villes canadiennes. Sa fameuse «couverture à points» avec bandes vertes, rouges, jaunes et indigo, qui existe depuis 200 ans, est encore en vente aujourd'hui!

Couverture à points de la Compagnie de la Baie d'Hudson

Fait au Canada

ROOTS CANADA

Pensez au survêtement en coton où figure le castor. Tout de suite, vous reconnaissez la marque Roots!

Saviez-vous que Roots est une compagnie canadienne fondée par Michael Budman et Don Green en 1973? À ses débuts, la compagnie produisait uniquement des chaussures en cuir. Mais aujourd'hui, Roots vend des chaussures, des vêtements, des montres, du parfum, des meubles, des articles pour la maison et des accessoires pour les animaux de compagnie. Le bel uniforme de l'équipe canadienne aux Jeux olympiques de 1998 à Nagano, au Japon, est une création Roots.

La plupart des produits de cette compagnie sont fabriqués au Canada. Il existe plus de 200 magasins Roots au Canada, aux États-Unis, au Japon, à Hong Kong, à Taiwan et en Corée.

Fais l'activité de compréhension à la page 16 de ton cahier.

En route !

- Quels dépliants est-ce que tu reçois chez toi?

- Est-ce que tu lis les dépliants publicitaires? Pourquoi ou pourquoi pas?

Un dépliant publicitaire

magasin *Bonprix*

Préparez-vous pour la rentrée chez Bonprix

a) Un col roulé
12,95 $
~~18,50 $~~

d) Une chemise à manches longues en coton
22,75 $
~~32,49 $~~

b) Un blouson en denim
31,50 $
~~45 $~~

c) Une jupe longue en denim
20,99 $
~~29,99 $~~

Rabais de 30 % sur tout vêtement pour jeunes!

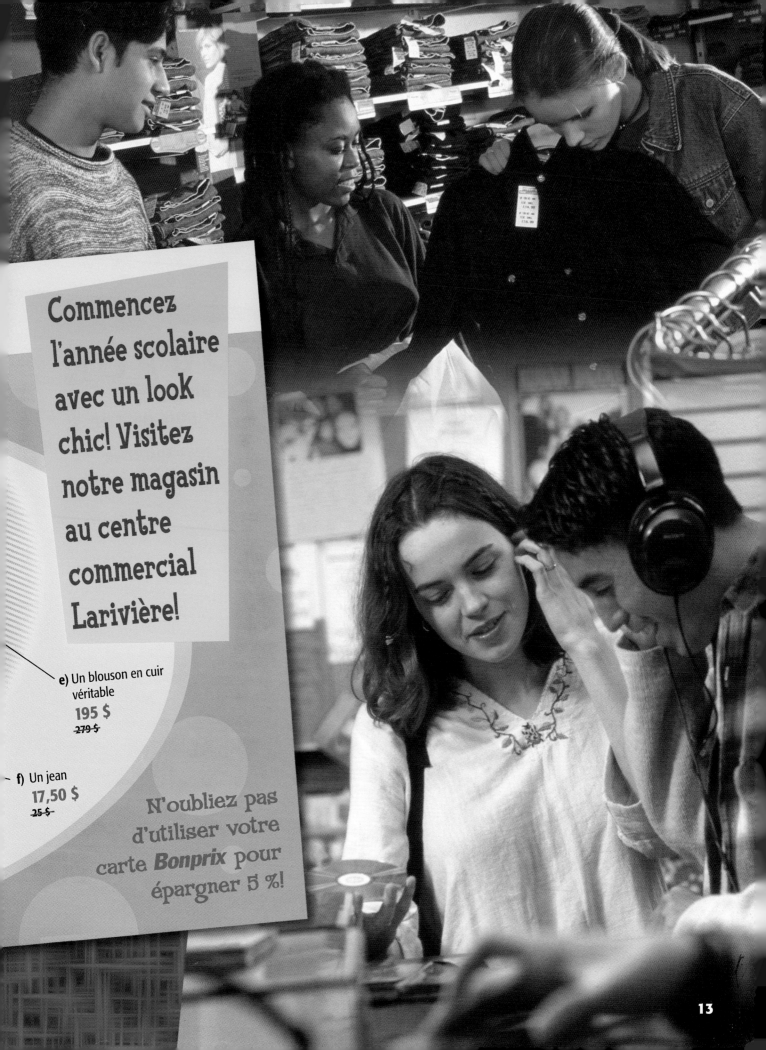

Commencez l'année scolaire avec un look chic! Visitez notre magasin au centre commercial Larivière!

e) Un blouson en cuir véritable
195 $
~~279 $~~

f) Un jean
17,50 $
~~25 $~~

N'oubliez pas d'utiliser votre carte *Bonprix* pour épargner 5 %!

14

N'hésitez pas à comparer nos prix avec les prix de nos compétiteurs!

« J'attends toujours mon catalogue Bonprix. J'aime les vêtements du rayon Jeunesse parce que leurs prix et leur qualité sont excellents. »

Choisissez des chaussures ou des bottes à moitié prix!

a) Des bottes de randonnée
40 $
~~79,99 $~~

b) Des chaussures de sport
35 $
~~70 $~~

Des chaussures en cuir
30 $
~~60 $~~

d) Des bottes en cuir
55 $
~~110 $~~

15

A Fais l'activité de compréhension à la page 17 de ton cahier.

B Quels articles du dépliant est-ce que tu préfères? Pourquoi? En petits groupes, discutez de vos préférences.

C Quelles informations sont importantes dans un dépliant publicitaire?

D À deux, trouvez les mots ou expressions dans le dépliant qui sont associés à une offre spéciale. (Exemple : rabais de…) Ajoutez ces expressions aux pages 2 et 3 de votre cahier.

Les prix en français

Quand on écrit un prix en français, on met une espace après le prix puis le signe de dollar ($). C'est le contraire de l'anglais!

On utilise une virgule comme signe décimal au lieu d'un point.

2,63 $	deux dollars soixante-trois
15,99 $	quinze dollars quatre-vingt-dix-neuf
169,99 $	cent soixante-neuf dollars quatre-vingt-dix-neuf

Les nombres en français

On ne met pas de *s* aux mots *cent* et *vingt* quand ils sont suivis d'un autre nombre.

100	cent*
150	cent cinquante
200	deux cents
289	deux cent quatre-vingt-neuf
999	neuf cent quatre-vingt-dix-neuf
1 000	mille*

*On ne met pas d'article (*un*) devant les mots *cent* et *mille*.

ATTENTION! Pour plus d'informations, va à la page 25.

Étude de la langue

Les adjectifs possessifs

Visitez **notre** site web à Bonprix.com.

N'hésitez pas à comparer **nos** prix avec les prix de **nos** compétiteurs!

N'oubliez pas d'utiliser **votre** carte Bonprix pour épargner 5 %!

Épargnez 20 % sur **vos** articles scolaires!

J'aime les vêtements du rayon Jeunesse parce que **leurs** prix et **leur** qualité sont excellents.

- Quel mot dans chaque phrase exprime la possession?

- Quelle est la différence entre le mot après *notre* et le mot après *nos*? Et après les mots *votre* et *vos*?

A. Complète les phrases suivantes avec le bon adjectif possessif.

EXEMPLE : Ils achètent *leur* ordinateur chez Infocom.

1. Est-ce que vous achetez _____ blouson chez Bonprix?

2. Nous attendons _____ professeur de maths.

3. J'aime les chaussures du magasin Bonprix. _____ qualité est excellente.

4. Nous apportons _____ disques compacts à la danse.

5. _____ cartes de crédit sont chez vous, madame Simard? C'est dommage!

B. En petits groupes, complétez les phrases suivantes. N'oubliez pas d'utiliser un adjectif possessif.

EXEMPLE : Nous aimons...
Nous aimons notre chien.

1. Ils aiment...

2. Nous achetons...

3. Vous oubliez...

4. Elles attendent...

5. Vous apportez...

ATTENTION! Pour plus d'informations, va à la page 25.

Qu'est-ce qui

À deux, regardez bien la scène. Est-ce que vous pouvez trouver les dix choses qui ne vont pas? On vous donne un exemple.

Le panneau dit «Chaussures» mais ce sont des vêtements.

Notez les erreurs sur une feuille de papier.

ne va pas?

Au boulot !

Crée une affiche publicitaire pour un article du rayon de l'électronique.

Ton affiche doit inclure les éléments suivants :

- le nom du magasin et du rayon;
- une illustration de l'article;
- le nom de l'article;
- le prix et le rabais;
- une phrase à l'impératif pour attirer les gens au magasin;
- un adjectif possessif.

Pour t'aider, utilise la page 21 de ton cahier. N'oublie pas d'utiliser ta liste de vocabulaire associé à une offre spéciale.

Présente ton affiche à un ou à une partenaire.

Stratégies

Quand tu écris...

Utilise :

- des ressources!
- un modèle!

Fais :

- ton brouillon!
- tes corrections!
- ta copie finale!

Vérifie dans le lexique ou dans un dictionnaire!

Notre annonce publicitaire

En groupes de trois, vous allez créer et présenter une annonce publicitaire télévisée pour un grand magasin. Chaque personne du groupe est chargée d'annoncer les offres spéciales d'un rayon différent du magasin : vêtements, articles scolaires et chaussures. N'oubliez pas de donner un nom à votre magasin.

Version écrite

Crée un dépliant publicitaire pour annoncer les articles qui sont en solde dans ton rayon. Pour les éléments de ton dépliant, regarde la page 2 de ton cahier.

Remets ton dépliant à ton prof.

Version orale

Maintenant, créez votre annonce publicitaire télévisée. Chaque personne de votre groupe annonce les offres spéciales dans son rayon (au moins six phrases). Pour vous aider, regardez les pages 2 et 3 de votre cahier.

Relisez votre annonce. Demandez à un autre groupe de lire votre annonce. Est-ce que vous voulez changer ou ajouter quelque chose?

Maintenant, présentez votre annonce à la classe.

Stratégies

Quand tu fais une présentation …

Regarde tes camarades de classe!

Parle :
- fort!
- clairement!
- de façon expressive!

Change le ton de ta voix!

Ne parle pas trop vite!

Ajoute des actions et des gestes!

Utilise des aides visuelles!

Aides visuelles :

- un microphone;
- les articles que vous annoncez ou des dessins ou photos des articles;
- vos dépliants;
- une affiche publicitaire qui illustre les articles en solde.

Écoute les élèves présenter leur annonce publicitaire à la classe. Fais l'activité à la page 22 de ton cahier.

Étude de la langue

L'impératif

On utilise l'impératif pour donner un ordre ou un conseil.

Exemples :   **Attends**-moi!

Choisissons un bon film!

Visitez le magasin Bonprix cette semaine et **économisez** 20 % sur tout pantalon!

Pour former l'impératif, on utilise la forme de *tu*, *nous*, et *vous* du verbe au présent. N'oublie pas que le pronom personnel (*tu*, *nous*, *vous*) n'est pas nécessaire. Pour les verbes en *–er* et pour le verbe *aller*, il faut enlever le *s* final de la forme de *tu*.

visiter (les verbes en *–er*)	visite	visitons	visitez
choisir (les verbes en *–ir*)	choisis	choisissons	choisissez
attendre (les verbes en *–re*)	attends	attendons	attendez
acheter	achète	achetons	achetez
aller	va	allons	allez

À la forme négative : **N'**attendez **pas**.

Ne choisis **pas** ce pantalon!

Les adjectifs possessifs

On utilise un adjectif possessif pour indiquer la possession.

Exemples : J'aime les vêtements de ce magasin parce que **leurs** prix sont excellents.

Elle magasine avec **sa** mère.

Vous achetez **vos** chaussures chez Bonprix?

Personne	Singulier (un objet)		Pluriel (plusieurs objets)
	Masculin	**Féminin**	**Masculin et féminin**
je	mon	ma	mes
tu	ton	ta	tes
il, elle	son	sa	ses
nous	notre	notre	nos
vous	votre	votre	vos
ils, elles	leur	leur	leurs

Les nombres en français

100	cent
125	cent vingt-cinq
150	cent cinquante
200	deux cents
260	deux cent soixante
300	trois cents
399	trois cent quatre-vingt-dix-neuf
400	quatre cents
401	quatre cent un
500	cinq cents
577	cinq cent soixante-dix-sept
999	neuf cent quatre-vingt-dix-neuf
1 000*	mille

* On met une espace au lieu d'une virgule.

À noter :

On ne met pas de *s* aux mots *cent* et *vingt* quand ils sont suivis d'un autre nombre.

On ne met pas d'article (*un*) devant les mots *cent* et *mille*.

Les stratégies

Quand tu regardes une vidéo...

Regarde :
- les images!
- les expressions des personnages!
- les actions et les gestes!

Écoute :
- le ton de la voix!
- les mots connus!
- les mots-amis!

Pense à tes expériences personnelles!

Quand tu écris...

Utilise :
- des ressources!
- un modèle!

Fais :
- ton brouillon!
- tes corrections!
- ta copie finale!

Vérifie dans le lexique ou dans un dictionnaire!

Quand tu lis...

Regarde :
- le titre!
- les illustrations et les photos!
- les mots connus!
- les mots-amis!
- les lettres majuscules!
- la ponctuation!

Vérifie dans le lexique ou dans un dictionnaire!

Quand tu participes à une activité de groupe...

Parle :
- français!
- à voix basse!

Suis les directives de ton prof!

Écoute les idées de tes copains!

Aide et encourage tes copains!

Concentre sur la tâche!

Finis ton travail à temps!

Quand tu écoutes...

Fais attention :
- au ton de la voix!
- aux mots connus!
- aux mots-amis!

Pense à tes expériences personnelles!

Quand tu fais une présentation...

Regarde tes camarades de classe!
Parle :
- fort!
- clairement!
- de façon expressive!

Change le ton de ta voix!

Ne parle pas trop vite!

Ajoute des actions et des gestes!

Utilise des aides visuelles!

Lexique

A

un **achat** *n.m.* purchase

une **affiche** *n.f.* poster

une **aide** *n.f.* aid; **aides visuelles** props

une **annonce** *n.f.* announcement; **annonce publicitaire** advertisement; **annonce radiophonique** radio ad

apporter *v.* to bring; **nous apportons** we're bringing

attendre *v.* to wait for; **j'attends** I'm waiting for; **n'attendez pas!** don't wait!

attirer *v.* to attract; **attirer l'attention des magasineurs** to attract the shoppers' attention

B

un **baladeur** *n.m.* portable CD/cassette player with headphones

besoin : avoir besoin de *expr.* to need; **il a besoin d'un nouveau look** he needs a new look

un **blouson** *n.m.* bomber-style jacket

les **bottes** *n.f.pl.* boots; **bottes de randonnée** hiking boots

C

une **calculatrice** *n.f.* calculator

un **cartable** *n.m.* binder

une **casquette** *n.f.* cap; **casquette de baseball** baseball cap

un **castor** *n.m.* beaver

un **centre commercial** *n.m.* shopping mall

chanceux, chanceuse *adj.* lucky

un **chandail** *n.m.* sweater

chargé, chargée (de) *adj.* responsible for

les **chaussures** *n.f.pl.* shoes; **chaussures de sport** running shoes

une **chemise** *n.f.* shirt

choisir *v.* to choose

un **choix** *n.m.* choice

le **col** *n.m.* collar; **un col roulé** turtleneck sweater

combien *adv.* how much

commencer *v.* to start

le **commerce** *n.m.* trade; **faire commerce** to trade

coûter *v.* to cost; **ça coûte trop cher** it costs too much une **couverture** *n.f.* blanket

le **cuir** *n.m.* leather; **chaussures en cuir** leather shoes

D

le **début** *n.m.* beginning; **au début** at the beginning

dépenser *v.* to spend (money); **sans dépenser plus de** without spending more than

un **dépliant** *n.m.* leaflet, flyer; **dépliant publicitaire** advertising flyer

le **droit** *n.m.* the right

E

échanger *v.* to exchange

économiser *v.* to save (money)

épargner *v.* to save

une **espace** *n.f.* space (in typography)

essayer *v.* to try (on)

les **États-Unis** *n.m.pl.* United States

F

la **fabrication** *n.f.* manufacture

faut : il faut *expr.* you have to

fondé, fondée *adj.* founded

fou (fol), folle *adj.* crazy

la **fourrure** *n.f.* fur; **la traite des fourrures** the fur trade

G

gagnant, gagnante *adj.* winning

H

hâte : avoir hâte de *expr.* to be impatient, eager; **j'ai hâte!** I can't wait!

I

incroyable *adj.* unbelievable

J

un **jean** *n.m.* pair of jeans

la **jeunesse** *n.f.* youth

une **jupe** *n.f.* skirt

L

un **lecteur de disques compacts** *n.m.* compact disc player

M

un **magasin** *n.m.* store; **grand magasin** *expr.* department store

le **magasinage** *n.m.* shopping

magasiner *v.* to shop, to go shopping

un, une **magasineur, magasineure** *n.m.,f.* shopper

une **manche** *n.f.* sleeve; **à manches longues** long-sleeved

une **marque** *n.f.* brand

les **meubles** *n.m.pl.* furniture

moins *adv.* less; **au moins** at least

moitié : à moitié prix *expr.* at half-price

O

obtenir *v.* to obtain, to get; **obtenez** get

un **ordinateur** *n.m.* computer

l' **origine** *n.f.* origin; **d'origine canadienne** of Canadian origin

oublier *v.* to forget; **n'oubliez pas!** don't forget!

P

un **pantalon** *n.m.* pair of pants

les **pantoufles** *n.m.pl.* slippers

le **parfum** *n.m.* perfume

prêt, prête *adj.* ready

le **prix** *n.m.* price; **prix courant** regular price

profiter *v.* to take advantage of

R

un **rabais** *n.m.* reduction, discount

un **radio-réveil** *n.m.* clock radio

un **rayon** *n.m.* department

recevoir *v.* to receive; **recevez** receive

recherché, recherchée *adj.* sought-after, desired

reconnaître *v.* to recognize; **vous reconnaissez** you recognize

rencontrer *v.* to meet

la **rentrée (des classes)** *n.f.* start of the school year

un **réveille-matin** *n.m.* alarm clock

rêver *v.* to dream

une **robe** *n.f.* dress

les **Rocheuses** *n.f.pl.* the Rocky Mountains

S

scolaire *adj.* related to school; **le matériel scolaire** school supplies

un **solde** *n.m.* sale; **en solde** *expr.* on sale

un **sondage** *n.m.* poll, survey

sortir *v.* to leave, exit

les **souliers** *n.m.pl.* shoes

un **stylo** *n.m.* pen; **stylo à encre gel** gel pen

un **survêtement** *n.m.* sweatshirt

T

un **téléphone portatif** *n.m.* portable phone

les **téléspectateurs** *n.m.pl.* TV viewers

un **téléviseur** *n.m.* television set

U

uniquement *adv.* only

utiliser *v.* to use

V

vente : en vente *expr.* for sale

véritable *adj.* genuine

un **vêtement** *n.m.* piece of clothing

une **virgule** *n.f.* comma